ОБЯСНЕНИЕ НА
УДИВИТЕЛНАТА
ИСТОРИЯ НА ИСУС

ДЕЙВИД ПОУСЪН

ANCHOR

Copyright © 2024 David Pawson Ministry CIO

Правото на Дейвид Поусън да бъде идентифициран като автор на това произведение е заявено от него в съответствие със Закона за авторските права, дизайна и патентите от 1988 г.

Публикувано за пръв път във Великобритания през 2024 от Anchor, търговското наименование на David Pawson Publishing Ltd Synegis House, 21 Crockhamwell Road, Woodley, Reading RG5 3LE

Никоя част от тази публикация не може да бъде възпроизвеждана или изпращана в каквато и да е форма или по какъвто и да е начин, електронен или механичен, включително фотокопиране, записване или каквато и да е система за съхранение и извличане на информация, без предварителното писмено разрешение на издателя.

За още поучения на Дейвид Поусън, включително на DVD и CD, посетете:
www.davidpawson.com

БЕЗПЛАТНИ МАТЕРИАЛИ ЗА СВАЛЯНЕ:
www.davidpawson.org

За повече информация:
имейл: info@davidpawsonministry.com

ISBN 978-1-913472-96-2

Отпечатано от Ingram Spark

Тази брошура се базира на лекция. И тъй като е основана на устно изложение, много читатели ще забележат, че стилът ѝ донякъде се различава от обичайния ми стил на писане. Надявам се, че това няма да отнеме от същината на библейското поучение, което се съдържа в нея.

Както винаги, моля читателя да сравнява всичко, което казвам или пиша, с написаното в Библията и, ако открие каквото и да е противоречие, винаги да се доверява на ясното поучение на Писанието.

Дейвид Поусън

ОБЯСНЕНИЕ НА УДИВИТЕЛНАТА ИСТОРИЯ НА ИСУС

Когато бях дете, живеех в християнска страна. Като казвам това, нямам предвид, че всички в Англия бяха християни, а че това беше единствената религия. Повечето градове и села имаха англиканска църква и методистки параклис. Имаше и други деноминации, но местата за поклонение в Англия бяха християнски – имаше само една джамия в покрайнините на Лондон. Така че в неделя сутрин изборът във Великобритания беше да бъдеш християнин или да си останеш в леглото – нямаше какво друго да се прави.

В наши дни, ако отидеш до Оксфорд Стрийт в централен Лондон, ще се зачудиш в коя държава си, защото има наплив от имигранти и вече сме една наистина интернационална държава. В сегашната ситуация религиите на света са дошли при нас и ние живеем заедно с тях. В нашата държава все още се учим как да привикнем да живеем редом с други религии.

Как тези религии ще се погодят една с друга? Дали някога ще се погодят?

Съществуват четири възможни типа взаимоотношения между тях. Първият е *враждебност и антагонизъм*. Историята е пълна с религиозни войни и много кръв е била проляна в името на религията. Имало е много конфронтации между религиите – между исляма и християнството, например, между индуизма и християнството, между различните религии и дори вътре в една и съща религия. Мога да ви дам един пример с войната между Иран и Ирак, която в същината си е война между две разновидности на исляма – между сунитския и шиитския ислям. Или пък мога да посоча Северна Ирландия, където католици и протестанти се избиваха до неотдавна – и това е ужасно. Така ли ще продължаваме винаги? Вечно ли ще сме свидетели на безкрайни религиозни войни в името на религията? Това е първата възможност.

Втората възможност, която се прокарва на различни места, се нарича *сепаратизъм*. Това означава да държим религиите разделени и накрая да се озовем в гета: една част на града принадлежи на една религия, а друга – на друга религия. Това вече е характерно за живота в Англия. Има един малък град в Йоркшир, който се нарича Дюсбъри. В средата му тече река и от едната ѝ страна всички са мюсюлмани (дори църквите са превърнати в джамии), а от другата страна са всички останали. В някои градове във Великобритания има надписи: „Влизате в зона, където се прилага шариата", колкото и невероятно да звучи това. Виждаме как сепаратизмът държи религиите настрана едни от други, за да можем да опазим мира. „Затворете ги в тяхното собствено гето." Това обаче не е решение.

Третата възможност е *плурализмът*. Това е философия, според която разнообразието е добро за обществото и следователно трябва да насърчаваме всички религии, особено малцинствените, тъй като се предполага, че това е добро за страната. Тя се основава на идеята, че всички религии са еднакви, че те всички са пътища, които водят към един и същ бог, и че трябва да вземаме предвид всички тях. Това се нарича релативизъм. Счита се, че всяка религия притежава част от истината и че трябва всички те да дадат своя принос за обогатяването на човешкото знание.

Четвъртата възможност се среща все по-често и Библията предрича, че тя ще бъде основната, преди да достигнем последните времена. Това е *синкретизъм* – когато религиите в света се съберат да действат заедно, докато се оформи една религия, обединяваща цялото човечество. Това вече започва да се случва в моята страна. Принц Чарлз, който ще бъде следващият ни крал, ще наследи една титла на суверена на Великобритания, която се вижда на всяка монета в кралството – „Пазител на вярата". Всички мислят, че става дума за християнската вяра, но той иска да промени текста на клетвата, която ще положи на коронацията си. Иска да бъде „Пазител на вяра", която и вяра да е това. Той вече препоръчва и други религии на британския народ.

Правителството вече не говори за „църква" или „църкви", а за „религиозна общност" и по този начин слага всички под общ знаменател. Има натиск да се обединим с останалите религии, и този натиск е заради мира и разбирателството в обществото. Естествено, различните религии не могат да се обединят на базата на своите вярвания, защото те са толкова различни, че никога не могат да се смесят. Когато става дума за доктрини, всички религии на света може да бъркат, но само една може да е истинската. И въпреки това надеждата е, че в *поведението* си последователите на различните религии могат да се сработят. Ето защо думата „добродетели" беше заменена от думата „ценности". Натискът за обединение на религиите е именно на основание на споделени ценности. Различни религии в моята страна вече действат заедно срещу социалните злини. Те действат заедно срещу бедността и други социални неправди – с надеждата, че споделят общи ценности.

Може би не знаете това, но когато самият Мохамед искал да се обедини с останалите религии, които вярват в един Бог (монотеистите), той отправил призив към тях. Това е един внушителен призив към другите религии да се присъединят към него, наречен „Общо слово". Той призовал тези две религии, християнството и юдаизма, с това общо слово: „Ние всички обичаме Бога, и всички обичаме своя ближен, защо не се обединим?"

Интересно е, че след промеждутък от 1400 години, мюсюлманите отправиха друг призив със същото заглавие, „Общо слово", и той беше насочен към евангелските християни. Призивът е: „Нека обичаме Бога и своя ближен заедно." Двеста евангелски лидери по света отговориха положително. Това може да ви изненада, но ще се осмеля да назова някои от тях: покойният Джон Стот, брат Андрю, Джордж Въруър, както и лидерите на „Младежи с мисия" подписаха изявление, в което се казва: „Ние сме готови да се опитаме да се съберем и да обсъдим това" и го изпратиха на мюсюлманите. Така че е налице огромен натиск спрямо всички християни да се обединят с другите религии и той в края на краищата ще успее. Ще има световна религия, водена от лъжепророк и всички ще бъдем принуждавани да се присъединим към нея.

Как да се подготвим за това? Каква е нашата защита срещу този натиск? Аз вярвам, че той ежедневно нараства в моята страна. Моето усещане е, че ще се засилва и че ще обхваща все повече групи вярващи. Има много прост отговор на всичко това и той е да бъдем уверени в уникалността на Христос. Това е единственото нещо, което можем да използваме, за да се подготвим да посрещнем натиска, с който ще се сблъскаме. Имам предвид уникалността на Христос, която Го прави напълно различен. Под „уникалност" разбираме, че Той е единствен по рода Си, че като Него няма друг, и че Той не може да бъде сравняван с никой друг религиозен водач, че Той коренно се различава от всички тях.

Така че искам да разгледам живота на Исус и да ви кажа кое е уникалното в нашия Господ Исус Христос, което Го отличава от всеки друг религиозен водач, от всеки друг основател на религия по целия свят, и винаги ще ни предпазва от мисълта, че можем да обединим своите религии и да направим от тях една обща религия. Много хора са се опитвали да направят това. Има една религия, наречена бахайска вяра, чийто център е точно в Израел. Тази религия има за цел да обедини всички религии на света – тези, които споделят едни и същи ценности. Един американски политик на име Джон Фостър Дълес основа Световния конгрес на вероизповеданията, който все още съществува и който преследва същата цел. Така че нека загърбим всичко това и да се обърнем към евангелския разказ, за да си припомним кое е уникалното в нашия Господ Исус Христос, което означава, че никога няма да сме в състояние да смесим своята вяра с никоя друга.

Ще започнем с Неговото рождение. Всъщност, раждането на Исус беше напълно нормално. След няколко часа болки, Мария роди момченце, и това е нещо напълно нормално. Единствената особеност беше, че хименът на Мария беше разкъсан от мъж от вътрешната му страна. Обикновено това се случва в обратната посока при първия полов акт. Но нейната мъжка рожба проби отвора на нейната утроба отвътре. Като изключим това, раждането на Исус беше като всяко друго раждане. Трябва да се върнем девет месеца назад, за да разберем кое е уникалното в това събитие. Тогава виждаме, че Той е роден без сношение между мъж и жена – че това е едно девствено раждане. Всъщност, дори мюсюлманите твърдо вярват това – че Исус е роден от девица, която никога преди това не е била с мъж.

Това не е съвсем непознато за историята. Има и други такива случаи. Професор по гинекология в Лондонския университет ми каза, че има поне няколко случая, за които се твърди, че са девствени раждания. Той беше склонен да ги приеме за достоверни поради една конкретна причина. Подобен процес се нарича от учените партеногенеза. Това се случва, когато яйцеклетката започва спонтанно да се дели и продължава, докато се развие зародишът на нов организъм. В растителния свят партеногенезата се среща доста често. Има я и в животинския свят. Бяха ми казвали, че комодският варан може да прави същото. Но тук имаме твърдения, че това се е случило на човешки същества. Професорът ми каза: „Причината, поради която съм склонен да вярвам на тези твърдения, е, че във всеки от тези случаи е родено момиченце." И наистина това е единственото, което можем да очакваме, тъй като всяка яйцеклетка в женското тяло има женски белези, и за една жена е невъзможно сама да произведе мъжко дете.

Това прави раждането на Исус, или по-скоро зачатието Му, уникално. Изглежда, че единственият начин, по който това е могло да се случи, е, че Бог е създал мъжки сперматозоид, носещ Неговата собствена ДНК, който е оплодил яйцеклетката. Всеки друг начин, който е бил предлаган, означава, че Мария не е майка на Исус, а е просто инкубатор, сурогатна майка. Но Исус наистина беше син на Мария. И това означава, че Бог е Неговият баща, което със сигурност е уникално. Никой друг не е твърдял такова нещо за себе си, освен Него.

Това обаче не е единственото изумително нещо за зачатието и раждането на Исус. Най-удивителното в него е, че Исус беше единственият човек, Който някога е живял на земята, Който избра да се роди. Аз не съм избрал да се родя. Вие не сте избрали да се родите. Не съм избирал родителите си, вие също не сте. Но Исус го направи. Удивително е, че избра много скромни родители в един много беден дом. Той никога не каза „Аз се родих", а отново и отново повтаряше „Аз дойдох" да направя това, „Аз дойдох да потърся и да спася изгубените." Той реши да дойде. И това е уникално. Никой друг религиозен водач не е твърдял, че е избрал да се роди; те просто са били родени, като един вид случайност, както всички нас. Но Исус каза „Аз дойдох". Това е първата велика и уникална особеност на Исус, която Го отделя от всички останали хора, прави Го единствен по рода си, единственият, Който не може да бъде поставен в която и да е категория.

Изненадващо е, че знаем толкова малко за най-известния Човек, Който някога е живял. За първите дванадесет години от живота Му не се знае нищо. Не знаем нищо, освен че е имало опит да бъде убит много рано, в резултат на което загиват много от братовчедите Му във Витлеем. Но Неговото детство е скрито от нас до момента, в който завесата се повдига, когато Той е на дванадесет години. Изненадващо е какво прави Той в този момент.

Днес всяко еврейско момче има Бар мицва. Това е церемония, на която то се превръща от момче в мъж. Иска ми се и ние да имахме такава церемония; мисля, че е много добра идея, тъй като тя е признание за отговорността, която човек носи. Еврейското момче отива в синагогата и прочита част от Закона на Моисей, с което казва на общността: „Аз вече съм отговорен за постъпките си и ще спазвам този закон". До дванадесетгодишна възраст родителите отговарят за поведението на своите деца. Но на дванадесет момчето става възрастен. В този момент, то оставя играчките си, оставя детинските си занимания, и се присъединява към баща си в неговата професия или бизнес. Изглежда, че са завели Исус не в синагогата за неговия Бар мицва, а в храма в Ерусалим. Майка Му и баща Му отишли с Него в столицата на Израел.

Искам да ви разкажа как са пътували. Нямало е автобуси и влакове – ходили са пеш. Ето как са вървели: жените и децата под дванадесетгодишна възраст тръгвали първи и изминавали по двайсетина километра на ден. Когато пристигнели на мястото за лагеруване, опъвали шатрите, приготвяли вечерята и докато тя се сготви, мъжете също пристигали. Харесва ли ви идеята? Феминистките не изглеждат много очаровани, но те пътували по този начин.

Те завели Исус в храма, отпразнували Неговата Бар мицва – Той е имал обичайната церемония - и след това се запътили обратно към дома си. Йосиф и Мария извървели двайсетината километра надолу към долината на река Йордан и се срещнали за вечеря. Мария попитала Йосиф: „Къде е Исус?", а Йосиф й отвърнал: „Ами Той не е мой син; мислех, че е с теб." Тогава те осъзнали, че всеки си е мислил, че Исус пътува с другия. Това обяснява как са Го изгубили.

Върнали се в Ерусалим, търсили три дни, и накрая Го намерили в храма да води изумителен разговор със свещениците. Мария, като типична майка, казала: „Баща Ти и аз Те търсихме навсякъде! Защо ни причини това? Къде беше?" Забележете какво казва тя: „Баща Ти и аз". А какво отвръща Той? „Но Аз съм на дванадесет. Не знаете ли, че трябва да бъда на разположение на Своя Отец? Не очаквахте ли това?" Това сигурно е било шок за родителите Му. Те никога не Му бяха казали как е бил заченат и роден. Мария беше пазила всички тия думи в сърцето си дванадесет години и въпреки това Той знаеше перфектно Кой е Баща Му. „Баща Ти и аз Те търсихме навсякъде."

„Моят Баща? Аз се присъединих към Него в Неговия бизнес. Трябваше първо да дойдете в храма; така щяхте да Ме намерите."

Виждаме едно уникално момче, Което вече има уникални взаимоотношения с Бога и Го нарича Свой Баща. Неговата любима дума за Бог Отец е „Тате", „Татко" – защото всяко еврейско момче първо научава думата „Авва", която означава „татко". Може да видите бащата евреин да се надвесва, изпълнен с гордост, над количката на сина си, и това огромно ужасно лице, което малкото дете вижда, повтаря: „Авва, Авва, Авва". Накрая детето, за да се отърве от ужасното лице, казва: „Авва" и бащата възкликва: „Той го каза! Той ме позна!"

Спомням си как се разхождахме с един баща на археологически терен в Израел. Малкият му син изтощен се влачеше след нас. Накрая изтича с протегнати ръце, за да го вземе баща му. Тогава за пръв път чух някой да казва „Авва, Авва". Това е пълна със смисъл дума. Исус каза на последователите Си, че така трябва да се обръщат към Бога. Никой евреин не би се осмелил на подобна близост с Всемогъщия Бог, след като Бог беше заповядал: „Не изговаряй напразно името Ми".

Виждаме, че Неговото раждане беше уникално, и че Неговото детство беше уникално. И завесата отново се спуска за още осемнадесет години, за които не знаем нищо. Невероятно е, че знаем толкова малко за Исус. Предполагаме, тъй като по-късно Го наричат дърводелец, че се е върнал в Назарет. Удивително е това, което се казва: покоряваше се на родителите Си. Той пое бизнеса с дърводелството и правеше столове, маси, рамки за прозорци и за врати. Ако Бог ви беше дал задачата да планирате живота на Спасителя на света, ви гарантирам, че щяхте да свикате съвещания, кампании и не знам какво още. Нямаше да Го оставите в дърводелска работилница за осемнадесет години, но това е, което Бог Отец направи.

Исус осемнадесет години правеше изделия от дърво и три години правеше чудеса. Ако изчисленията ми са верни, това е съотношение шест към едно. На какво ви напомня това? Той каза: „Отец Ми работи досега, и Аз работя." Когато се върнете към първа глава на Битие, към Божията работа в сътворението, откриваме същото: съотношение шест към едно. Интересно е, че Бог Отец даде на Сина Си да върши обикновена работа с ръцете си по шест години за всяка година на чудеса и проповеди. Така че това е всичко, което знаем за най-известния човек, който някога е живял, до момента, в който става на тридесет години. Тогава Той се появява на обществената сцена на историята и за няколко месеца става известен с много неща. Но въпросът, който изниква, е следният: след три години служение, Той е екзекутиран като един от най-големите престъпници, които някога са живели. Всеки човек трябва да се опита да отговори на този въпрос: защо е трябвало да се случи тази трагедия? Нека погледнем на необикновените черти на тези три години служение, за да видим дали ще можем да намерим отговора.

Това, което Исус направи в Своето служение, има три аспекта. Първият са чудесата Му, вторият е Неговият морал, а третият – посланието му. Заради едно от тези три неща Той беше счетен за най-опасния жив човек, Който трябваше да бъде убит, преди да донесе неприятности на целия народ.

Дали причината бяха чудесата Му? Той със сигурност правеше чудеса. Знаете ли, че има историци, които свидетелстват за Исус извън Библията? Римски историци, еврейски историци, които не са част от Библията, но те всички са съгласни в едно: че Исус е правил чудеса. Това със сигурност е най-добре засвидетелствано за Него.

Можем да разделим чудесата Му на две групи: тези, които е извършил върху хора, и тези, които е извършил върху неща – и двете групи са забележителни. Разликата е, че някои от чудесата върху хора се вършеха и от други по същото време. Той споменава това. Той изгонва демони от хората, но и други правят това. Той веднъж казва на тези хора: „Защо Ме обвинявате, че върша това със силата на дявола? С чия сила вие вършите същото?" Става ясно, че по това време е имало и други чудеса на изцеления и на изгонване на демони, и че Той е вършил и двете.

Но най-голямото чудо, което той направи; което никой друг не можеше по това време, е възкресяването на мъртви. Той спря погребението на сина на бедната вдовица, която нямаше кой друг да се грижи за нея. Той възкреси мъжа от носилото и го върна на майка му. Това беше внушително чудо. Но има едно уникално чудо, което Той направи с друг мъж – мъж, който вече беше в гроба си и беше престоял там четири дни. Собствената му сестра каза: „Не можем да отворим гроба, защото смърди – той вече се е разложил. Въпреки това, Той повика Лазар от гроба, възстанови в перфектно здраве едно разложено тяло и каза: „Разповийте го и оставете го да си иде." Това ускори Неговата собствена смърт, но не директно. Лидерите на народа (особено религиозните лидери) Му завидяха. Това беше един от мотивите, които доведоха до Неговата смърт, но не главният.

Ето, виждаме Човек, Който използваше чудотворна сила, за да върши невероятни неща с хора и неща – Човек, Който можеше да се изправи в лодката и да каже на вълните да утихнат. Той не просто каза: „Мълчи! Утихни!" – това е учтивият вариант, който имаме в нашите библии. Той всъщност каза: "Престани!" по начина, по който говорим на пале, което подскача в краката ни и цапа дрехите ни. Така той смъмри вятъра и вълните, и те му се покориха. „Що за Човек е това, щом даже вятъра и вълните правят каквото им заповяда?"

Той също така превърна водата във вино. Един американски пастор се опитваше да ме убеди, че не е било така и че я е превърнал в доматен сок, но аз съм сигурен, че не е прав. Той я превърна в най-доброто вино на сватбата, така че казаха на младоженеца: „Защо си задържал най-доброто вино за накрая?" Обичайната практика беше първо да се поднася хубавото вино, и след това, когато вече бяха подпийнали, да се поднесе лошото. Но Той има даде най-доброто вино накрая, при това го беше направил от вода. Това е истинско чудо с неща, което никой друг не правеше по това време.

Той взе две риби и няколко питки хляб и каза на учениците: „Тези пет хиляди души, които Ме слушат цял ден, не са яли. Защо не ги нахраните?" Учениците отвърнаха: „Нямаме нищо, а и наблизо няма магазини." Тогава те намериха едно момче, което имаше две риби и пет питки хляб за своя собствен обяд и ги конфискуваха. Казаха на Исус: „Намерихме малко храна." За пет хиляди души? Абсурд! Но Исус взе тези две риби и петте питки хляб и просто продължи да чупи парчета от тях и да ги дава на учениците. „Просто дайте това на хората. Кажете им да седнат на групи по петдесет. Сега им занесете това." Той създаваше храната, докато я раздаваше. И това е велико чудо.

Веднъж дойде при една смокиня в очакване да намери на нея смокини, защото беше гладен, и нямаше нищо за ядене. Но не намери на нея смокини и прокле дървото. Можете да разбирате това както намерите за добре, но Той го направи. На следващия ден, когато идваха към Ерусалим по същия път, казаха: „Виж, дървото, което прокле. Изсъхнало е. Всичките му листа са окапали. Вижда се, че дървото е като оголен скелет." Всички тези неща Той направи само с изговорено слово, така че те бяха истински чудеса.

Но никое от тях на навреди на някого. Всички Негови чудеса бяха за доброто на хората. Ето защо, години по-късно, Симон Петър каза, когато проповядваше за Исус: „Той обикаляше да прави благодеяния." Защо тогава беше убит след три години, в които обикаляше да прави благодеяния? Очевидно не чудесата Му бяха проблем.

Така че нека преминем към втория аспект на Неговото служение – *моралът Му*. Вие не бихте се осмелили да кажете на своя най-близък приятел: „Намираш ли някакъв недостатък в мен?" И със сигурност не бихте казали на хората, с които работите: „Аз съм смирен." Но Исус каза и двете, и никой нищо не можа да Му отвърне. Той каза: „Кой от вас ме обвинява в грях?", докато говореше на най-заклетите си врагове. Дори един от най-близките Му приятели, Симон Петър, веднъж Му каза: „Иди си от мене, махни се от мене! Аз съм грешен човек! Не би трябвало да съм Твой приятел."

Такова беше свидетелството на братовчед Му, Йоан Кръстител, когато Той дойде да се кръсти. Кръщението е за очистване; то е, за да се измият греховете ни. Йоан Кръстител каза: „Не трябва аз да кръщавам Теб, Ти трябва да кръстиш мен", което означава, че първият кръстител не е бил кръстен. Всъщност, знаете ли, че Новият завет нарича Исус кръстител? Той беше кръстител. Същата дума, която е използвана за Йоан – кръстител, е използвана и за Исус на същата страница. Така че, ето ги, кръстителите, с малко „к", не с главно, тъй като става дума за действието, а не за името. Но Йоан Му каза: „Ти си чист. Ти нямаш какво да измиеш. Защо идваш да се кръстиш?" А Исус отвърна: „Подобава да изпълним всичко, що е право." Всеки християнин, който не е кръстен и казва, че няма нужда от това, трябва да си спомни, че Исус беше единственият Човек, Който нямаше нужда да се кръсти, и все пак го направи. Следвайте Неговия пример.

Йоан Кръстител каза: „Ти си чист." Петър каза: „Иди си от мен, защото съм грешен човек." Враговете на Исус, когато Той ги предизвика да намерят в Него някакъв недостатък, замълчаха. Животът на Исус е изследван повече, за него е писано повече, размишлявано е повече, отколкото за който и да е друг живот, и никой не е намерил никакъв недостатък в Него, никой за две хиляди години, в колкото и детайли да са се ровили.

И не само това, но Той също така поучаваше най-високия морален стандарт за другите хора. Всеки, който е чел Проповедта на планината, признава това. Махатма Ганди, Достоевски и много други хора са заявявали, че Проповедта на планината е най-високият морален стандарт, който някой някога се е осмелявал да проповядва. Единствената критика към Исус е, че Неговият морален стандарт е твърде висок, че е невъзможен за изпълнение. Но Исус не беше като останалите учители, които снижават стандартите, за да могат хората по-лесно да ги достигнат. Исус дойде, за да издигне хората до този висок стандарт, и това е Неговият подход към морала.

Защо биха убили такъв Човек – Човек, Който има такъв морал, и Който поучава другите също да следват този морал – и то с най-ужасната възможна смърт? Това все още е големият въпрос. Така че трябва да преминем от Неговите чудеса и от Неговия морал към Неговото послание. Трябва да има нещо в това, което Той е казал, което да е предизвикало разпъването Му на кръст. Там е истината, там е отговорът.

Когато се обърнем към посланието Му, изумителното е, че никой никога не е говорил толкова много за себе си. В друг човек, който и да е той, това би било чист егоизъм. Човек, който винаги говори за себе си, обикновено е досаден. Имате ли такъв приятел? Не ви ли се иска той да говореше и за вас? Познавам човек, който започва всяко второ изречение с „аз" – това са скучни хора, които се интересуват само от себе си. Исус говореше за Себе Си повече, отколкото всеки друг човек, и въпреки това никога не досади на хората.

Какво казваше Той? Знаете ли, че в началото на служението Му изпратиха войници да Го арестуват и те не посмяха да го направят? Върнаха се и просто казаха: Никога човек не е говорил така, както Този Човек. Ние не смеем да Го арестуваме. Той просто е различен. Той говори различно от всички останали. Простият отговор е този – той сподели десет различни неща за Себе Си – и с тях всъщност казваше, че е Бог. Ето защо Го разпънаха. Нека разгледаме десетте твърдения, които Той направи в поученията Си, които ясно сочат към тази необикновена позиция. Те знаеха, че Той е човешко същество, но Той всъщност твърдеше, че е Бог, че е Богочовек. Това е необикновено твърдение.

Първо, както вече споменах, Той казваше: *„Аз избрах да се родя. Аз дойдох..."* и дори добави: *„Аз слязох от небето."* Това е очевидна претенция за божественост.

Вторият начин, по който Той показа това, беше *Неговото твърдение, че може да прощава грехове*. Единствените грехове, които аз мога да простя, са греховете, извършени спрямо мен. Надявам се, че съм в състояние да го направя. Но Исус каза: „Прощавам всичките ти грехове. Аз мога да простя всичките ти грехове спрямо Бога." Никой човек не може да направи това. Можете да простите само греховете, извършени спрямо вас. Да прости на човек всички негови грехове спрямо Бога – само Бог може да направи това, и все пак Исус го направи.

Третият начин беше твърдението Му, *че има уникална връзка с Бог*: единственият евреин, Който се е осмелявал да нарече Бог „Татко" – една изключително голяма близост. Той никога не казваше „нашият Отец". Той винаги говореше за Бога като „Моя Отец" и „вашия Отец", и с това ясно определяше разликата между Своята връзка с Бога и тяхната.

Четвъртият начин беше, че *използваше името на Бога за Себе Си*. Ние знаем името на Бог: Аз Съм. Веднъж попитах Бог дали би ми дал обикновена дума на английски, която да отговаря на името Му, защото бих искал да я ползвам. И веднага в ума ми проблесна думата „Винаги". Какво чудесно име за Бога е това. Това е, което „Аз Съм" означава. Това е сегашното време на глагола съм. Но не в обичайния му смисъл – а в смисъл „Аз винаги Съм. Аз бях в началото. Аз ще бъда и в края. Аз винаги съществувам. Аз Съм." Някои хора предпочитат думата „Съществуващият", но аз харесвам думата „Винаги", както харесвам „Да", когато се използва като име за Исус. Той е „Да" за всички Божии обещания.

Ние имаме Бог, Който се нарича „Винаги", Чийто Син се нарича „Да". Колко позитивна е нашата религия. Но Той използваше името „Аз Съм". Той не само използваше думите „Аз Съм", Той повтаряше думата „Аз" и винаги казваше „Аз, Аз съм". На гръцки това е *ego eimi*, като *eimi* значи „аз съм", а *ego* значи „аз". Така че Той започваше много от своите изказвания с „Аз, Аз съм... хлябът, който е слязъл от небето, добрият Пастир, пътят, истината, животът". Седем пъти Той говори за Себе Си, използвайки Божието име и всички те са описани в Евангелието от Йоан.

Един път каза на евреите, че Авраам е бил радостен да види Неговия ден. Те казаха: „Ти нямаш и петдесет години. Как така познаваш Авраам, който е мъртъв от две хиляди години?" Той отвърна: „Преди да се е родил Авраам, Аз съм." Юдеите незабавно взеха камъни, за да ги хвърлят върху Него, защото за тях това беше богохулство. Закона на Моисей съвпада със закона на мюсюлманите в това отношение: богохулството се наказва със смърт. Това е едно от най-тежките престъпления, които човек може да извърши. И вече започваме да разбираме защо Той умря. Това е четвъртата причина: Той използваше за Себе Си името на Бога.

Пето: Той каза: *„Аз съм единственият път до Бога. Ако искате да познаете Бог Отец, трябва да дойдете при Него чрез Мен."* С две думи, Той отрече всички други религии по света. Той казва: „Никога няма да успеете да стигнете до Бог Отец, ако Аз не ви помогна. Елате при Него чрез Мен." Това е едно изключително твърдение.

Шесто: *Той твърдеше, че е пътят, истината и животът.* Не *един* път сред всички останали, или *една* истина, или *един* възможен живот. Той повтаряше: пътят, истината и животът – никой, освен Бог, не може да каже това.

Седмо: *Той твърдеше, че ще освободи хората от самите тях, като умре за тях.* Той каза: „Аз дойдох, за да умра". И Той наистина умря, още на младини. Единственото нещо, което Го възпържаше за известно време, беше, че учениците Му трябваше да разберат Кой е Той, преди да умре, така че правилно да възприемат смъртта Му. Той ги заведе на планината Ермон. Надявам се да идете там някой ден – това е една необикновена планина. Река Йордан извира от подножието ѝ – пълноводна река от самото начало. Снегът по върховете на планината се топи, влиза в скалите през пукнатините и след това пак от скалите извира в подножието. Можете да си представите, че това е било специално място, особено за суеверните, и наистина е било така.

Ако отидете там днес, ще видите малки ниши, издълбани в скалата, в които са поставяли всякакви идоли, за да им се покланят. Един от тях бил бог Пан и местността все още е позната като Панеада. Пан бил гръцки бог, за който се вярвало, че се появява в образа на човек. В друга ниша била статуята на императора. Ето защо по времето на Исус селото се наричало Кесария Филипова по името на римския император и на местния юдейски управител. Императорът бил човек, но го почитали като бог.

На това място Исус заведе учениците Си и ги попита: „Кой мислите, че съм Аз?" Бог, Който се изявява като човек, или човек, който е Бог? „Кой съм Аз?" Отначало те казаха: „Ти си превъплъщение на някой велик човек." Това се говореше от останалите хора. Но за пръв път Симон Петър каза: „Аз вярвам, че Ти си Помазаникът, Син на Живия Бог. Той беше първият мъж, който го изповяда.

Знаете ли коя беше първата жена, която каза същото малко по-късно? Това беше Марта, която проявяваше толкова усърдие в шетането, докато сестра ѝ седеше при нозете на Исус. Но Марта преди Мария видя истината за това Кой беше Исус. Това беше истината. И Исус веднага каза: „Сега мога да умра. Вие знаете Кой съм, така че ще разберете защо трябва да умра." Той ясно показа, че е решил кога да умре, как да умре, и къде да умре. Той каза: „Сега отиваме право в Ерусалим и там Аз ще бъда разпънат на кръст."

Не знам дали сте забелязали, че пет пъти преди това хората се бяха опитвали да Го убият. Първият път беше в собственото Му село, Назарет, когато проповядва първата

Си проповед в синагогата и те веднага се опитаха да Го хвърлят от стръмнината на хълма. Това със сигурност е била силна проповед. Никога не съм преживявал такова нещо, макар че се чудя как никое събрание не ме е изхвърлило от някоя скала, като се замисля за някои от моите проповеди, с които е трябвало да се примиряват.

Представете си как Той проповядва накратко, като цитира пророк Исая, и всичко, което каза, беше: „Днес виждате това да се изпълнява." Защо те реагираха така? Чудили ли сте се? Кое в тази проповед ги провокира толкова? Ето отговора: Назарет е в северната част на Израел, наречена Галилея. Това е била една доста бунтовна област, където са се случвали всички въстания, и, преди всичко, където са се появявали всички лъже-месии с обещанието да отърват народа от римляните. Когато тези лъже-месии били екзекутирани, едно от нещата, които римляните правели, било да унищожат селото в Галилея, от което човекът произхождал, за да не се появят и други като него.

Това се е случило в Чехословакия, когато Райнхард Хайдрих, немският офицер, който отговарял за окупацията, бил убит. Немците отишли в село близо до Прага и го изравнили със земята. То сега е паметник, който напомня за случилото се. Римляните правели същото. По този начин държали под контрол тези, които се самопровъзгласявали за месии, като ги убивали и като сривали със земята селото, от което те произхождали. И ето, виждаме как Исус твърди, че е Месията и целият Назарет изпада в ужас, че ще бъде наказан от римляните. Така че те си казали: „По-добре да Го убием, отколкото да загинем самите ние." Разбирате логиката им. Това е първия път, в който се опитват да убият един, за да спасят мнозина. По-късно Каиафа щеше да каже: „За вас е по-добре един човек да умре за людете, а не да загине целият народ." Това беше същият страх от римляните. Между тези две събития имаше още три случая, в които се опитаха да убият Исус. Само че още не беше дошло времето Му, и Той тихо и спокойно мина през тълпата и се оттегли. Но веднага щом учениците Му разбраха Кой е, Той каза: „Отиваме в Ерусалим, за да умра."

Осмо: *Той обеща да се върне, преди тялото Му да се е разложило*. Това беше обещание, дадено от Бога още в Псалом 16, че когато на света дойде праведник, Бог няма да остави тялото му да се разложи – едно много интересно пророчество, което е цитирано в Новия завет. Това беше едно необикновено обещание. Щяха да Го убият, защото смятаха, че е твърде лош, за да живее. Той умря, като се отнесе към един по-висшестоящ съд. Той умря, казвайки: „Бог ще отсъди за Мен. Той ще отмени присъдата ви. Вие ще Ме убиете, но Бог ще Ме върне към живота." Точно това направи Бог. „Аз ще се върна от мъртвите, преди тялото Ми да се е разложило" означава преди четвъртия ден.

Девето: „*Аз ще бъда съдията на целия човешки род. Бъдещето на всеки човек е в Моите ръце. Аз ще разделя цялото човечество, както овчарят отделя овцете от козите*" – което означава, че Исус ще съди Конфуций, Буда, Мохамед и всеки друг религиозен лидер. Те ще застанат пред Исус и Той ще реши бъдещето им. Това е изключително твърдение. Пилат Понтийски ще бъде съден от Исус един ден. Адолф Хитлер също. Аз и вие също ще застанем пред Него, защото Той каза: „Аз съм Съдията." Всички евреи вярваха, че Бог ще ги съди, и ето, Исус им казваше: не, Аз ще направя това.

И последно, десето: Той каза: „*Един ден Аз ще се върна на земята за втори път, за да властвам над целия свят.*"

Когато съберете всичко това, нито едно от тях не е достатъчно, но в своята съвкупност те ясно показват, че

Исус казваше за Себе Си, че е Бог.

Можете да избирате само между тези три тези: Исус беше или луд, или негодник, или Бог; Той или беше лунатик, или беше лъжец, или беше Бог. Трябва да решите кое приемате. Всеки човек трябва да вземе това решение. Той или заблуждаваше Себе Си и беше смахнат, шизофреник или каквото друго решите, или беше негодник, който лъжеше околните и разказваше лъжи за Себе Си, или казваше истината. Не можете да измислите нещо друго. Той е едно от тези трите.

Участвах в дебат в адвокатската колегия на Лондон, където се помещават офисите на най-знаменитите адвокати в града. Дебатът беше точно за това: дали Исус е бил луд, лъжец или Бог. Един професор от Лондонския университет смяташе, че Исус е бил шизофреник. Президентът на Британската хуманистична асоциация твърдеше, че е бил много лош човек и че е заблуждавал хората с лъжите си. А на моя милост се падна да каже, че Той е Бог. Отдавам слава на Бога за това, че спечелихме дебата с мнозинство от 85 процента. И това се случи, защото аз имах един скрит коз – възкресението. След малко ще се спра на него.

Исус беше разпънат точно защото нарече Себе Си Бог и заради нищо друго. Първото обвинение срещу Него в юдейския съд беше, че богохулства. Но те всъщност не успяха да намерят свидетели, чиито показания за това, което беше казал, да съвпадат, и изглеждаше, че няма да успеят да Му сторят нищо. Така че накрая съдията, в разрез със закона, Го накара да свидетелства срещу Себе си, като Го попита: „Ти ли си Този, Който твърдиш, че си?" И Той просто отвърна: „Аз, Аз съм", а мъжът, който председателстваше съдебния процес раздра дрехите си и каза: „Вие всички чухте. Имаме седемдесет свидетели, които Го чуха да нарича Себе Си Бог. Каква е присъдата ви?" Шестдесет и осем от тях казаха: „Гласуваме за Неговата смърт." Това е единственото възможно наказание за човек, който изрича тези думи. Но те не можеха да Го екзекутират понеже бяха под римска власт, и тъй като римляните им бяха забранили да изпълняват смъртни наказания, те трябваше да променят обвинението. До момента, в който стигнаха до римския управител, Пилат Понтийски, те го обърнаха от богохулство в държавна измяна, и Го обвиниха, че казва, че е Цар на юдеите. Това беше държавна измяна според римския закон. В римския закон нямаше нищо за богохулство. Богохулството е в закона на Моисей. Но римският закон осъждаше държавната измяна. Ето как синедрионът уреди Той да бъде екзекутиран.

В Неговата смърт има няколко необикновени и уникални неща. Приковаха Го за дървения кръст чисто гол, даже без препаска (на християнските изображения я има само от благоприличие). В абсолютно унижение, чисто гол, Той е прикован на кръст и оставен да умре. Но Той не умря, защото беше разпънат. Това е необикновеното нещо. От какво умря? Във всеки случай не и защото беше разпънат, защото когато приковете човек на кръст и го оставите да виси на него, изминават поне два дни, докато умре, като агонията може да се проточи до седем дни. Толкова време е нужно – средно три или четири дни, докато човек бавно отслабва.

Това, което убива човек на кръста, е, че той се задушава. Когато краката му отслабнат, и се свлече надолу, увисвайки на ръцете си, налягането върху дробовете му става непоносимо. Така че той се повдига нагоре, подпирайки се на краката си, до момента, в който те не могат повече да поддържат тежестта на тялото му, и той отново увисва. Това редуване на висене и изпъване води до обезсилване, и накрая той не може повече да се повдига нагоре и се задушава. Това е разпъването на кръст – най-жестоката, бавна, мъчителна смърт, която можете да си представите. Римските граждани не били подлагани на това. Това наказание се прилагало само за завладените народи и само за сериозни престъпления.

От какво умря Исус? Ние знаем отговора. Когато в шестия час на следобеда поискаха да Го погребат, римският губернатор изпрати войници да се уверят, че наистина е умрял. Те не можаха да повярват, че това вече се е случило. Единственият начин да се ускори смъртта беше да се счупят краката на разпънатите, и тогава те не можеха да се повдигат, за да дишат. Така че войниците дойдоха при двамата разбойници и счупиха краката им. Те незабавно увиснаха и скоро издъхнаха. Но когато дойдоха при Исус, за тяхно изумление, Той вече беше мъртъв. Но войниците трябваше да се уверят и затова прободоха ребрата Му с копие. Изтече кръв и вода. Някой присъстващ е забелязал това и го е записал за нас. Какво означава това? Накратко, това означава, че Той е умрял от перикардна руптура, или, казано простичко, Той е умрял от разрив на сърцето, от разбито сърце.

Въпреки че беше на кръста и че след няколко дни това така или иначе щеше да Го убие, Той вече беше мъртъв – от разрив на сърцето. Защо се случи това? Той беше престоял само шест часа на кръста. През първите три от тези шест часа Той беше изцяло загрижен за други хора, не за Себе Си. Той прояви загриженост за войниците, които Го бяха разпънали, и каза: „Отче, прости им, те не знаят какво правят." Той прояви загриженост за майка Си и каза на апостол Йоан да се грижи за нея, и Йоан я прибра в дома си от този момент. Той прояви загриженост за разбойника, който умираше до Него – разбойник с невероятна вяра, който погледна този умиращ, гол мъж, провесен на кръста в средата, и каза: „Господи, спомни си за мене, когато получиш царството Си." Каква вяра! Исус каза: „Днес ще бъдеш с Мене в рая." В продължение на три часа, докато слънцето грееше, а слънцето по пладне е горещо и сухо, Той прояви грижа към околните.

Но от пладне до три следобед, Той беше загрижен за Себе Си. Неговата първа грижа беше физическата жажда: „Жаден съм." И те в жестокостта си Му дадоха да пие оцет, който усилва жаждата. След това Той извика в агония: „Лама Савахтани. Боже Мой, Боже Мой, защо си Ме оставил?" Това е ужасен вик. През тези три часа светът беше потънал в мрак. Слънцето се беше скрило. Точно както звездата беше изгряла при Неговото раждане, сега слънцето се беше скрило при Неговата смърт. Разбирате ли какво се случваше? Той преживяваше ада. Адът е място на жажда. Той е място на самота, защото Бог не е там. Той е тъмно място – това е външната тъмнина, за която Исус беше говорил. Исус премина през ада за три часа, така че на никой от нас да не се налага да отиде на това ужасяващо място. Той заемаше нашето място там.

Но Неговата последна, седма реплика от кръста беше молитва, която беше научил още като дете. Всяко еврейско момче научава тази вечерна молитва за преди сън. Учат го да казва, точно преди да заспи: „В Твоите ръце предавам духа си." Единствената разлика с тази детска молитва е, че Исус прибави обръщението „Авва" в началото. „Отче, в Твоите ръце предавам духа Си." Той се отнесе към Бога да покаже на света, че е осъден несправедливо. Той знаеше, че е Божията воля да умре, но също така знаеше, че е Божията воля да обърне тази присъда, преди тялото Му да изгние. Така че Той каза: „Аз ще се върна."

И на третия ден Той се върна и яде с учениците Си, а по-късно им приготви закуска. Тялото Му беше истинско, това не беше дух. Той всъщност каза: „Попипайте Ме и вижте, че не съм дух." Той се завърна в тяло. Само че остави плащаниците си, които се бяха свлекли на земята, в гроба. В тях вече нямаше нищо, което означаваше, че Неговото старо тяло беше изчезнало, и че Бог беше създал ново тяло за Него в тъмнината на гробницата. Това ново тяло имаше качества, които старото никога не беше притежавало. То можеше да минава през заключени врати. То можеше да се появява и да изчезва внезапно. Следващите два месеца Той им се явяваше и изчезваше. Защо просто не остана с тях? Защото ги учеше – по най-добрия възможен начин – че трябва да свикнат да разчитат на Неговото невидимо присъствие.

А Тома, един от дванадесетте, не беше с тях в тази първа вечер след възкресението. Те му казаха, че Той е жив, че е бил с тях. Виж рибените кости в тази чиния – Той яде риба с нас! Тома отговори: „Аз не съм толкова лековерен. Освен ако не пипна ръцете Му и ако не туря ръката си в ребрата Му, за да усетя раната от копието, няма да ме накарате да повярвам." Една седмица по-късно, когато те бяха в същата стая, един познат глас каза: „Тома, ти искаш да пипнеш раните на ръцете Ми – ела и го направи. Ти искаш да докоснеш белега на ребрата Ми – добре, ела и го направи." Но Тома вече нямаше нужда от това. Той веднага се осъзна и каза: „Господ мой и Бог мой."

Никой не се е връщал от мъртвите след три дни. Останалите са били възстановени от смъртта. Имам един приятел в Америка, който е бил мъртъв в продължение на десет дни и Христос го е възкресил. Той беше добър пастор. Но един ден се появила болка в кръста му. И когато отишъл на лекар, му казали: „Имаш тумор на гръбначния мозък. Операцията за премахването му е много опасна – можем да опитаме, но без гаранция за успех." Той пробвал с болкоуспокоителни и накрая се пристрастил към тях. Докато една нощ имал толкова силни болки, че взел револвера, който бил в нощното му шкафче, и след като се добрал до банята с инвалидната си количка, допрял дулото до слепоочието си и натиснал спусъка. Имало куршуми във всяко от гнездата освен в едно и точно то било срещу спусъка. Това му помогнало да дойде на себе си и той се довлякъл до спалнята и казал на жена си какво е направил. Добавил: „Не мога да търпя болката."

Тя му отвърнала: „По-добре да се решиш на операцията тогава. По-добре е да рискуваш и да не се оправиш, отколкото да си пръснеш мозъка."

Така че той отишъл в болницата. Там прочел стих от ранните псалми, в който се казвало: „И аз легнах и спах; събудих се, защото Господ ме поддържа." Той го написал на лист хартия и оставил листа в Библията си. След това го закарали в операционната, анестезиологът инжектирал упойката в гръбначния му стълб, но дозата била прекалено голяма и той умрял. Да, това било лекарска грешка, понякога се случват такива неща. Опитали се да го реанимират; правили му изкуствено дишане. Хирургът даже се покатерил на операционната маса и с коляно притиснал гърдите му, но всичко било безполезно. Мониторът показвал, че няма сърдечна дейност.

Излезли при жена му, която чакала отвън, и казали: „Много съжаляваме, но съпругът Ви почина." Тя отговорила: „Не. Върнете се и опитайте отново." Тя беше дребничка жена, но имаше силна вяра и много смелост. Така че просто им казала: „Върнете се и опитайте отново." Те се върнали и пак опитали да го съживят, но нищо не се случило. Тя отказала да приеме това. Така че го преместили в стая с механична помпа, свързана с дробовете му, която да му осигурява кислород, и приспособление, което да поддържа биенето на сърцето му, но мозъкът му бил мъртъв и не реагирал на нищо.

Това се нарича клинична смърт. Лекарите можели да подпишат смъртен акт, но заради тази дребничка жена го оставили на командно дишане десет дни. Един ден тя дошла на свиждане и видяла, че го няма. Попитала: „Къде е съпругът ми?" Отвърнали ѝ: „Органите му ни трябваха за трансплантация и понеже имахме Вашето съгласие за това, изключихме машините и го закарахме в моргата." И тази дребна женица казала: „Върнете го! Върнете го!" Така че те отново го върнали, свързали го с машините, и в този момент той отворил очи и ги погледнал. Видял на пода листчето, на което бил писал, и с поглед им казал, че иска да го вдигнат. Когато го взели, прочели „И аз легнах и спах; събудих се, защото Господ ме поддържа." Започнали да го наричат „момчето чудо" на тази болница – известният Станфордски медицински център в Щатите.

Накрая го оставили сам в стаята и той си помислил, че операцията е била успешна, защото нищо не го боляло. Станал от леглото, но трябвало да изключи системата, която била закачена за ръката му. Станал и започнал да се разхожда из стаята и отново си помислил, че вече няма болки и че явно са отстранили тумора. Една сестра влязла и се развикала: „Веднага си лягай!", а той отговорил: „Но аз се чувствам съвсем добре! Мога да ходя!" Няколко дни по-късно го изписали и излязъл от болницата без да има нужда да го хранят венозно през системи, защото вече се хранел сам. Сестрите и лекарите направили шпалир, за да изпратят с ръкопляскания мъжа-чудо.

Виждал съм медицинската документация, но това, което е важно, е, че той се е върнал в старото си тяло. Той е още жив, но отново ще умре, защото това не е възкресение. Възкресението е ново създание, възкресението е ново тяло. Исус никога няма да умре, докато Лазар умря; синът на вдовицата от Наин умря отново – това е съживяване. Но Исус не беше просто съживен, Той влезе в живота. И както вече ви попитах: откъде Исус взе дрехите, с които беше облечен след възкресението Си? Мислили ли сте за това? Бог, Който направи ново тяло за Него, в същото време Му даде и нови дрехи – вие също ще имате нови дрехи на небето, защото Бог ще ги направи за вашето ново тяло. Моето ново тяло ще бъде като Неговото славно тяло, и когато сте на осемдесет, нямате търпение отново да бъдете на тридесет и три! Аз наистина го очаквам с нетърпение.

Възкресението е наистина най-важният факт по отношение на уникалността на Исус; никой преди или след това не е бил възкресяван, за да премине в нов живот с ново тяло. Ето защо е наречен първороден преди всяко създание. Ето защо се събираме в неделя – защото това е началото на Божието ново творение.

Помним две уникални неща за неговото възнесение, което се случи след два месеца. Първо, Исус напусна този свят два месеца, след като умря. Никой друг не е правил същото, нали? Повечето хора напускат този свят в деня, в който умрат. Но Исус остана два месеца и чак след това си отиде.

Освен това, Той взе Своето тяло със Себе Си. Всички други хора оставят телата си на земята. Мохамед е мъртъв, Конфуций е мъртъв, Буда е мъртъв, и можете да посетите гробовете им. Но Исус е жив. Ето защо имаме празен гроб, вместо гробница, при която да се покланяме на един мъртъв Спасител. Ето разликата – Той е уникален; няма никой като Него. Ето защо ние не можем да смесим своята вяра с останалите религии.

И две неща, с които искам да завърша. Първото е, че християнската вяра е *ексклузивна*, тя изключва всички останали. Като Христос, тя е уникална. Християнството е Христос и затова то е ексклузивно. Ние никога не можем дори да обсъждаме идеята да смесим своята вяра с други религии. Може да ни се наложи да платим висока цена за тази позиция, когато световните религии започнат да се обединяват, но така или иначе, християнството е ексклузивно и не можете да смесвате истината с неистини. Няма нито едно друго име, чрез което човек да може да се спаси, освен името на Исус. Но по абсолютно същата причина нашата вяра е *инклузивна*, тя е отворена за всички. И тези две неща вървят ръка за ръка.

Ексклузивната вяра трябва да е инклузивна. Това е единственият начин; тогава всички имат право да чуят за нея, а ние имаме право да им кажем, ние имаме задължението да я споделим с тях. Ето защо християнството трябва да бъде мисионерска религия, евангелизаторска религия. След като сме намерили такова спасение, нашето велико задължение е да го споделим с тези, които се нуждаят от него, колкото и провокативно да им звучи то.

Един от начините, по които ще ни притискат, ще бъде законодателство срещу прозелитизирането, както го наричат. Не след дълго ще ни бъде забранено да се опитваме да привлечем някой от друга религия към християнството. Вече има страни, в които законите са такива, но ние нямаме избор. Няма как да постъпваме другояче. Нашият Исус ни казва да идем и да научим всичките народи, и ние имаме великото задължение да им кажем, че Той е жив и че живее вечно, че Той ще съди всички на земята, и че Той ще дойде отново, за да владее този свят и че всички царства на този свят ще станат царства на нашия Бог и на Неговия Помазаник. Амин.

ЗА ДЕЙВИД ПОУСЪН

Проповедник и автор с безкомпромисна вярност към Светото писание, Дейвид носи ясно послание за това колко е важно за християните да намерят съкровищата, скрити в Божието слово.

Роден в Англия през 1930 година, Дейвид започва кариерата си с диплома по аграрни науки от Университета в Дърам. Когато Бог се намесва и го призовава за служение, той завършва магистърска програма по теология в Университета в Кеймбридж и три години служи като капелан в Кралските военновъздушни сили. След това е пастор на няколко църкви, включително Милмийд Център в Гилфорд, който се превръща в модел за много църковни водачи в Обединеното кралство. През 1979 Бог го призовава за международно служение. Понастоящем служението му е ориентирано предимно към църковните водачи. Дейвид и съпругата му Инид живеят в графство Хемпшир в Англия.

За годините на служение е написал е голям брой книги, брошури и бележки от ежедневното изучаване на Библията. Неговите обширни и в същото време много достъпни обзори на книгите на Библията са публикувани под заглавието *Ключът за Библията* и като книга, и като записи. Милиони копия на поученията му се разпространяват в повече от 120 страни и помагат на вярващите да изградят солидна библейска основа в своя живот.

За него се казва, че е „най-влиятелният западен проповедник в Китай" заради известната поредица *Ключът за Библията*, която се излъчва във всички китайски провинции от Good TV. В Обединеното кралство поученията на Дейвид често се излъчват по Revelation TV.

Изключително много вярващи из целия свят са били благословени посредством решението, което Дейвид взе през 2011, да предостави за безплатно ползване внушителната си сбирка от аудио и видео поучения. Тя се намира на **www.davidpawson.org**, а неотдавна създадохме и официален канал в **www.youtube.com**, където са качени всички негови видеа.

ГЛЕДАЙТЕ В YOUTUBE
www.youtube.com/@DavidPawsonBulgarianOfficial

www.ingramcontent.com/pod-product-compliance
Lightning Source LLC
Chambersburg PA
CBHW070341120526
44590CB00017B/2977